AF343760

Instruction Paternelle.

ABÉCÉDAIRE

NOUVEAU,

A
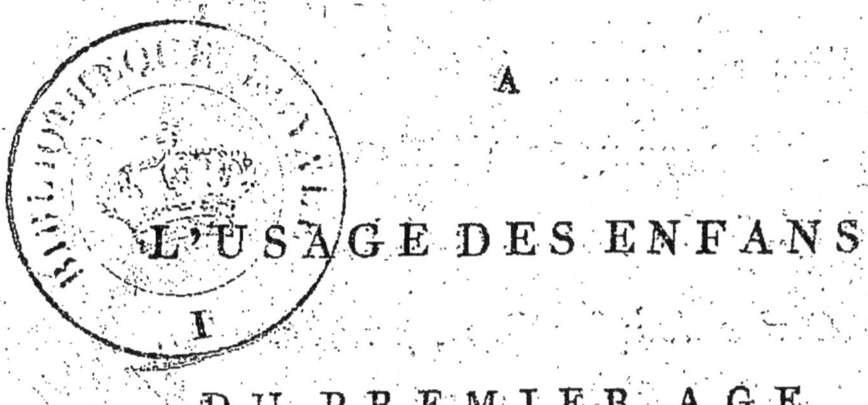

L'USAGE DES ENFANS

DU PREMIER AGE.

A PARIS,

Chez BONNEVILLE, rue Saint-Jacques,

N° 195.

An 8. (1800).

On trouve chez Bonneville, rue Saint-Jacques, n° 195,

La collection complette, en vingt feuilles coloriées, d'alphabets à l'usage des enfans, composée d'histoire naturelle, fleurs, fruits, arts et métiers.

Ordre des feuilles, par numéro.

N° 1	apprenti.	N° 11	alouatte.
2	amitié.	12	aigle.
3	armurier.	13	âne.
4	apothicai.	14	ânesse.
5	appareill.	15	autruche.
6	abeille.	16	arboriste.
7	abricots.	17	afficheur.
8	amour mat.	18	aveugle.
9	adonis.	19	avar.
10	anémône.	20	aubergiste.

LETTRES CAPITALES ROMAINES.

A B C D

E F G H

I J K L

M N O P

Q R S T

U V X Y Z.

LETTRES CAPITALES ITALIQUES.

A B C D

E F G H

I J K L

M N O P

Q R S T

U V X Y Z.

Lettres romaines.

a b c d e f

g h i j k l

m n o p q r

s t u v x y z.

Lettres italiques.

a b c d e f

g h i j k l

m n o p q r

s t u v x y z.

Lettres-doubles romaines.

æ   œ   fi   ffi

fl   ffl   ff   w.

———

Lettres doubles italiques.

æ   œ   fi   ffi

fl   ffl   ff   w.

7

Voyelles.

a   e   i   o   u.

Consonnes.

ba   be   bi   bo   bu

ca   ce   ci   co   cu

da   de   di   do   du

fa   fe   fi   fo   fu

ga   ge   gi   go   gu

ha   he   hi   ho   hu

ja   je   ji   jo   ju

4

la le li lo lu

ma me mi mo mu

na ne ni no nu

pa pe pi po pu

qua que qui quo qu

ra re ri ro ru

sa se si so su

ta te ti to tu

va ve vi vo vu

xa xe xi xo xu

za ze zi zo zu.

Lettres accentuées.

é   aigu.

àèù   graves.

âêîôû circonflexes.

ëïü   tréma.

ACCENS.

Apostrophe	'	Deux points	:
Trait d'union	—	Un point	.
Cédille	ç	Point interrogant	?
Virgule	,		
Point et virgule	;	Point admiratif	!

ELEMENS

D'ARITHMÉTIQUE.

———

O I 2

zéro un deux

3 4 5

trois quatre cinq

6 7 8 9.

six sept huit neuf.

Mots à épeler.

J'ai me mon pa pa.

Je se rai sa ge, et l'on m'ai me ra bien.

J'i rai me pro- me ner tan tôt, s'il fait beau temps.

Quand j'au rai bien lu ma le çon,

je se rai ca res sé,
et ma man me don-
ne ra des bon bons.

So yez sen si-
ble et hon nê te,
vous se rez ché ri
de tous ceux qui
vous con noîtront.
Ne fai tes aux
au tres que ce qui
peut fai re plai sir.

Fable.

Un petit chat étoit si méchant, que quand sa mère venoit lui donner à tetter, il la mordoit jusqu'au sang. La mère n'osoit presque pas s'en approcher; à la fin, elle cessa de venir.

Qu'en arriva-t-il ? Le petit chat méchant fut abandonné par sa mère, et mourut bientôt de faim.

C'est ce qui arriveroit aux enfans méchans, si leurs parens les abandonnoient.

ABRÉGÉ

D'HISTOIRE NATURELLE,

D'APRÈS *BUFFON.*

LA méthode la plus utile et la plus agréable pour apprendre à lire aux enfans, est sans doute celle qui présente à leurs yeux l'idée de quelque objet existant.

Nous avons choisi, par ordre alphabétique, la figure d'un animal, persuadés que la curiosité, si naturelle aux enfans, les porteroit à chercher à connoître le rapport de l'animal avec l'homme. Il nous a semblé que l'on ne pouvoit les faire raisonner trop tôt sur cette partie si intéressante de la création.

AUTRUCHE.

L'Autruche est un grand oiseau, dont les plus belles plumes servent à parer les chapeaux des dames. On le trouve dans les déserts de l'Afrique, qui sont des pays extrêmement chauds et couverts de sable.

BALEINE.

La Baleine est le plus gros de tous les poissons de la mer; elle a jusqu'à cent pieds de long. Sa bouche est si grande, que trois à quatre hommes pourroient y entrer. Avec ses dents on fait une espèce de baguettes ployantes, qu'on appelle *baleines*. On dit que ce poisson est si fort, qu'il peut renverser un petit vaisseau d'un coup de queue. sa peau est noire et fort dure.

CHAMEAU.

Cet animal a deux bosses sur le dos. Dans le pays où il naît, il sert à porter des fardeaux, comme le cheval chez nous.

Autruche
Baleine
Chameau
Daim
Eléphant
Faisant

DAIM.

Cet animal est fort joli ; on diroit que c'est un petit Cerf : il porte un bois comme lui.

La peau de Daim est très-estimée ; on en fait des culottes et des gants.

ÉLÉPHANT.

Sa forme est peu élégante ; cependant c'est l'un des animaux le plus adroit et le plus raisonnable. Entre les deux longues défenses d'ivoire qui sortent de sa bouche, pend une trompe avec laquelle il fait une infinité de choses. Il la ploie et déploie à volonté. Cette trompe est un long nez, et ce nez lui sert de main.

C'est avec sa trompe qu'il porte son manger à sa bouche. Quand il a soif, il remplit cette trompe d'eau, et boit ensuite.

Cet animal, quoique extrêmement fort, n'est point méchant. Il ne se met en colère que lorsqu'on l'offense ; alors il dresse les oreilles et sa trompe , et c'est avec cette trompe qu'il renverse les hommes ou les jette au loin , arrache les arbres et soulève tout ce qui lui fait obstacle.

FAISAN.

Cet oiseau ressemble un peu au coq ordinaire. Il a un très-joli plumage nuancé de vert, de brun et couleur d'or. Il vit dans les bois.

Sa chair est un mets très-friand et recherché.

GAZELLE.

Le Gazelle est un joli quadrupède d'une taille fine et bien prise , et des plus légers à la course. Elle a des cornes et une petite bourse qui s'élève au-dessus du ventre : c'est là que le musc se trouve.

HIPPOPOTAME.

Cet animal est effrayant : on l'appelle cheval de rivière. Il vit dans l'eau et sur

Gazelle

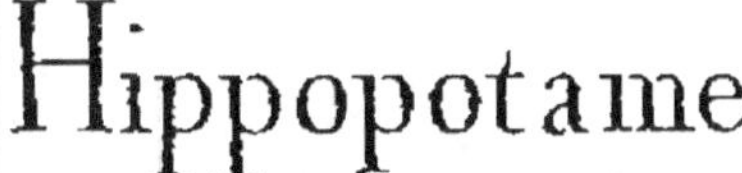

Hippopotame

Isatis

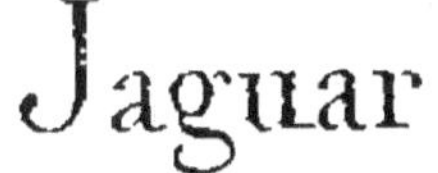

Jaguar

Kabassou

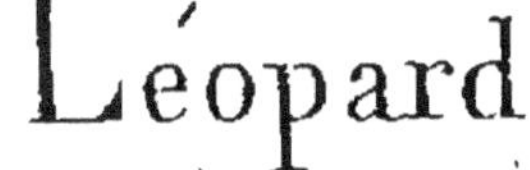

Léopard

la terre. Il mange des poissons, et vient paître sur le rivage des rivières.

ISATIS.

L'Isatis ressemble tout-à-fait au Renard par la forme du corps et par la queue ; mais par la tête, il ressemble plus au Chien.

Il y a des Isatis blancs, et d'autres bleus cendrés.

JAGUAR.

C'est un animal carnassier de l'Amérique, à-peu-près de la grosseur d'un dogue ; il est tacheté comme le Tigre. Quand il est pressé par la faim, il est aussi dangereux ; mais il ne faut, pour le faire fuir, que lui présenter un tison allumé. Quand il a bien mangé, il n'a plus de courage.

KABASSOU.

Le Kabassou mérite, par sa structure, qu'on l'examine soigneusement. Il n'a ni poil ni plumes, comme les autres animaux;

mais son corps est couvert en partie d'un têt dont la substance est semblable à celle des os. Ce têt est disposé à-peu-près comme l'armure des anciens guerriers, c'est-à-dire que les bandes osseuses entrent les unes sur les autres, pour donner à l'animal, au moindre danger, la facilité de se ramasser en une boule qui peut résister à tous les chocs, de quel coté qu'on l'attaque.

LÉOPARD.

Le Léopard a la forme du Chat. Sa fourrure est douce et fort belle ; son caractère est féroce et sanguinaire. Quand il est rassasié, il se plaît encore à déchirer les animaux qui lui tombent sous la griffe.

MARMOTTE.

Son domicile est construit avec un art singulier, sur le penchant d'une colline. Cette demeure, parsemée d'herbes et de mousse, est pour tous les descendans de chaque famille.

Marmotte
Nagor
Orang-Outang
Porc-Epic
Quere-iva
Rhinocéros

NAGOR.

Le Nagor est une espèce de Gazelle de la grandeur d'un chevreuil. Il a des petites cornes, et est d'un roux pâle. Sa manière de vivre est la même des Gazelles.

ORANG-OUTANG.

Espèce de Singe, qui s'apprivoise facilement. On les emploie à différens travaux domestiques. Son caractère est doux, quoique d'une force prodigieuse. On l'appelle aussi homme sauvage.

PORC-EPIC.

Le Porc-Epic est tout hérissé de pointes qui piquent très-fort. Lorsqu'il est en colère, il s'enfle, frappe la terre, et se jette sur son ennemi, pour le frapper de mille dards. Les chiens qui le chassent, ne savent par où l'aborder.

QUEREIVA.

Cet oiseau se trouve à la Guiane, dans l'Amérique. Il est gros comme une Grive.

Ses plumes sont d'une très-jolie couleur. A leur origine, elles sont d'un beau noir, et à leur extrémité, d'un bleu-vert. La gorge et le cou sont d'un pourpre-violet, et ses ailes ainsi que sa queue presque noires.

RHINOCEROS.

Après l'Eléphant, le Rhinocéros est le plus gros des quadrupèdes. Il se trouve en Asie et en Afrique. Il vit d'herbes, de feuillages, de branches d'arbres. Sa peau est rude, écailleuse, et plus épaisse sur le dos que sous le ventre. Son cri est semblable à celui d'un bœuf poussif. Il n'est point d'un caractère féroce, et ne fait aucun mal aux hommes qui ne l'attaquent point.

SANGLIER.

Cet animal sauvage est la source primitive du Cochon domestique. Il a la même manière de vivre, les mêmes inclinations.

Sanglier
Tapir
Ursin
Vari
Xochi-tol Yarque
Zebu
B. R.

La femelle du Sanglier s'appelle *Laie*, et ses petits *Marcassins*.

TAPIR.

Animal de l'Amérique, de la grosseur d'une petite Vache, mais sans corne et sans queue. Il a la tête grosse et longue, avec une espèce de trompe formée par le prolongement de la lèvre supérieure, mais infiniment plus courte et moins parfaite que celle de l'Eléphant.

URSIN.

Petit d'un Ours, qui a les pattes de devant faites de manière à pouvoir tenir un bâton, des fruits, etc. Il peut se tenir debout sur ses pattes de derrière. On peut lui apprendre à marcher, et danser.

VARI.

Il est de la grosseur d'un Chien de la moyenne grandeur, et est noir ou blanc. Il est extrêmement sauvage, et se trouve dans les forêts de l'Afrique. Ses pattes de devant et de derrière sont conformées comme celles du Singe.

XOCHITOL.

Cet oiseau vit en Amérique, et est fort peu connu.

Il a le dos et le croupion noirs ; la poitrine, le ventre et le dessous du corps d'un jaune de safran mêlé de noir. Les ailes sont variées de noir et de blanc. La queue est de la même couleur que le dessous du corps.

YARQUE.

Espèce de Singe assez jolie. Il marche sur ses pattes de derrière, se sert de celles de devant comme de deux petites mains.

ZÉBU.

Espèce de Bœuf, mais plus petit. Ce qui le distingue, c'est une grosse bosse qu'il a sur le dos. Les femelles l'ont moins grosse que les mâles.

FIN.

UNE

SOIRÉE A LA CASERNE

RÉCIT

PAR JACQUES BONHOMME.

PARIS

A LA PROPAGANDE DÉMOCRATIQUE ET SOCIALE

1, RUE DES BONS-ENFANTS.

1849

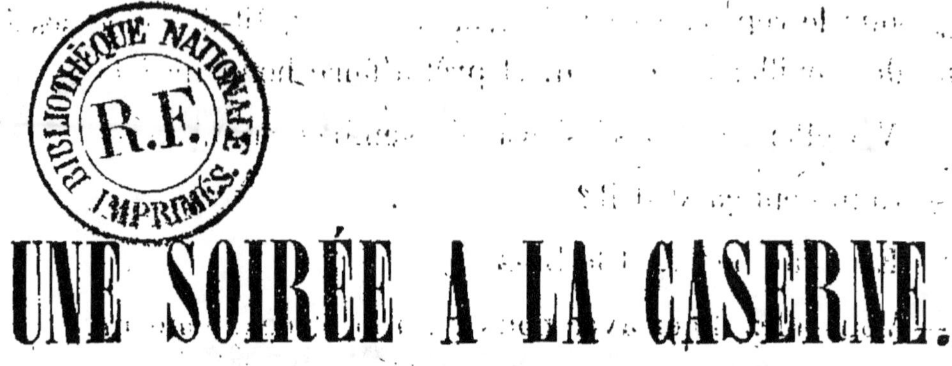

UNE SOIRÉE A LA CASERNE.

Par un de ces jours derniers, jours si pleins de soleil et de chaleur, je me mis en tête d'aller rendre visite à certain petit-fils, sergent-fourrier dans un des régiments casernés à l'École militaire. — Ancien soldat, j'aime encore, au déclin de ma vie, le bruit du fusil, la vue des manœuvres et le va-et-vient de la caserne.

Me voilà donc descendant mes cinq étages et me dirigeant à petits pas vers le Champ-de-Mars.

La promenade était longue pour des jambes de 75 ans, surtout quand l'une d'elles manque à l'appel.

Lorsque j'arrivai, l'exercice venait de finir, et le tambour battait pour le repas du soir. Je trouvai mon petit-fils avec ses camarades, cuiller à la main, et prêt à faire honneur à la soupe.

— Vive Père Jacques ! s'écria l'assemblée en m'apercevant.

— Comment ça va-t-il ?

— Et la jambe ?... et le bras ?

— Vous allez dîner avec nous... à la place d'honneur.

J'étais vraiment ému de cette bonne et franche réception. Je ne pouvais refuser ; je m'assis.

Je ne vous détaillerai pas notre dîner ; peu vous importe de connaître notre menu. L'appétit était bon, la dent solide, l'estomac complaisant. Je vous garantis que nous ne laissâmes rien traîner sur la table.

Après le dîner, l'on cause, l'on conte, en fumant sa pipe, l'histoire d'autrefois et celle de la veille. C'est le moment des confidences.

PÈRE JACQUES. — Je pense que nous sommes en famille, franchement, comment ça marche-t-il ici ? Êtes-vous contents ?

UN SERGENT-MAJOR. — Oui et non. Sous le rapport matériel, la soupe est bonne, le pain passable, les hommes sont propres et bien habillés ; mais aussi, d'un autre côté, beaucoup de corvées, pas mal d'exercice, des gardes tous les jours, des rapports à

chaque instant; et puis encore une foule d'agréments trop longs
à détailler.

PÈRE JACQUES. — Ce n'est rien, ce n'est rien. Il faut que le soldat français soit dur à la fatigue, rompu au maniement du fusil;
la force du pays est dans lui; de son instruction, de son courage
dépendent le salut de la patrie.

Et puis, n'a-t-il pas le souvenir de ses frères qui l'oblige,
n'est-il pas le fils et l'héritier direct des vieux combattants de
1792, des vainqueurs de Fleurus, d'Arcole, de Zurich, de Ma-
rengo?

Allons, allons, vous avez tort; ne vous plaignez pas; vous
êtes les défenseurs de la République, les soutiens du gouvernement que vous avez fondé en Février avec vos frères du
peuple.

UN FOURRIER. — Elle est gentille votre République. Fichtre! si
l'ancienne ressemblait à celle-ci, ça m'étonne que vous soyez
resté républicain, père Jacques.

PÈRE JACQUES. — Quoi donc? qu'avez-vous?

UN FOURRIER. — J'ai, que ce que vous appelez la République,
n'est que l'ombre de la République. J'étais républicain avant Février; et, Dieu merci, je le suis encore; mais, le diable m'em-

porte, si ce que j'avais rêvé et désiré était ce que nous avons maintenant.

PÈRE JACQUES.—Ne nous emportons pas. Je sais, je comprends tout ce que vous devez souffrir, les peines et les chagrins qui viennent vous assaillir chaque jour. Je sais que la rougeur de la honte vous monte au front quand vous voyez le drapeau de vos pères, ce drapeau qui a flotté sur toutes les capitales libres par nos armes ; quand vous voyez ce drapeau conspué, terni, abaissé ; je comprends que le sang bouillonne dans vos veines quand, entendant les peuples se soulever, les trônes craquer de toutes parts, les canons rouler d'un bout de l'Europe à l'autre, le tocsin des révolutions appeler les nations à la liberté, vous, les soldats de la République, les défenseurs des opprimés, les émancipateurs des peuples, vous êtes là, l'arme aux pieds, attendant les Cosaques et les bandes croates de Jellachich et de Radetzki, pour leur servir d'avant-garde contre l'idée révolutionnaire, contre ces vastes foyers des doctrines qui brisent leurs couronnes. Oui, voilà ce que ces hommes que vous avez épargnés, que vous avez relevés après leur défaite, rêvent ; voilà ce qu'ils espèrent.

TOUTE L'ASSEMBLÉE. — Ils se trompent. Jamais nous ne servirons de pareils projets. Jamais, nous le jurons.

UN SERGENT-MAJOR. — Oui, oui, jurons-le, et tenons notre serment, car nous avons à lutter contre de bien mauvaises influences ; il nous faut courage et abnégation. Citoyen, membre du souverain, participant au gouvernement de notre pays par notre vote, les lumières nécessaires pour éclairer notre conscience nous sont refusées ; la lecture des journaux qui défendent la cause du prolétaire, de l'armée, nous est interdite ; les banquets nous sont fermés, et la peine disciplinaire la plus forte, l'envoi en Afrique, nous frappe, si nous paraissons dans un club ; et cela au nom de la discipline, qui n'a rien à y voir.

Au nom de l'ordre, qui n'est pas menacé, on veut nous garantir du contact des doctrines qui prêchent la liberté, l'égalité, la fraternité.

Mais l'on a beau faire, la lumière paraît, la calomnie s'efface, et toutes les menées, toutes les intrigues, tous les complots n'aboutiront qu'à précipiter la chute des priviléges.

UN SERGENT. — Permettez-moi de vous faire connaître un fragment du journal le *Tribun du peuple*, de *Babeuf*. Je le lisais l'autre jour, et j'étais frappé de l'à-propos de ces lignes, écrites en 1796.

Les ennemis du peuple changent de nom, mais ils sont toujours les mêmes. Elles nous serviront d'instruction ; elles montrent le rôle que l'on attend de nous, les espérances que l'on fonde sur notre association.

Écoutez :

« Que font de nombreuses phalanges réunies autour de la cité
« par excellence, de la cité de la révolution, du berceau de la li-
« berté ?... Pourquoi y sont-elles appelées ?... Ses habitants sont-
« ils rebelles ? S'agit-il de les subjuguer ?... Il n'est pas indiffé-
« rent d'éclaircir toutes ces questions.

« Ce n'est pas pour le véritable peuple que les soldats de la li-
« berté forment autour des murs de Paris une enceinte formida-
« ble ; ce véritable peuple, le peuple laborieux, le peuple ouvrier...

« y est maltraité, muselé, méprisé, affamé, ruiné!... par le peu-
« ple d'agioteurs et de fripons... Cette dernière espèce de peuple
« y est donc bien en rébellion la plus ouverte et la plus criminelle
« contre le bon peuple ; mais est-ce pour subjuguer la partie op-
« pressive et pour défendre la partie opprimée que nos guerriers
« offrent un triple rang de baïonnettes dans toute la circonférence
« de Paris? Non, c'est tout le contraire... On veut faire servir leurs
« armes et leurs forces à accabler totalement l'opprimé sous le
« joug de l'oppresseur, à maintenir celui-ci dans son odieuse do-
« mination et le peuple dans sa chétive langueur! Eh! si c'était
« le peuple qu'on voulût défendre, il ne faudrait pas distraire
« ceux de ses frères dont la destination est de combattre ses en-
« nemis extérieurs ; le peuple se suffirait de reste à lui-même ;
« mais c'est quand on veut immoler la masse à une portion qu'on
« croit les trouver dans les hommes que l'on dit devoir être es-
« sentiellement obéissants...; c'est quand le gouvernement et la
« caste perverse qu'il protége exclusivement ont perdu toute
« honte ; c'est lorsque, sans pudeur et sans voile, et par la plus
« infâme complicité, ils ont, avec des règlements atroces qu'ils
« osent appeler lois, consacré les injustices en tout genre, la mi-
« sère la plus épouvantable, l'esclavage le plus révoltant ; c'est
« quand la mesure de leurs forfaits est portée à un tel comble
« et à une telle évidence, que la longue patience du peuple est
« lassée, et que sa crédulité également n'y tient plus !... »

« C'est alors qu'on jette les yeux sur l'armée ! ce sont les bras
« des punisseurs des rois que l'on arme pour vouloir conserver,
« pour vouloir perpétuer une telle oppression ! c'est le gouverne-
« ment militaire qu'on établit pour forcer le peuple à se soumet-
« tre à un régime où l'on prétend qu'il vive..... sans nourriture,
« sans habits, sans liberté... et ce sont les pères..., les époux...,
« les fils....., les frères....., les parents....., que l'on veut qui
« en imposent, qui frappent même, si le cas y échoit, leurs en-
« fants, leurs femmes, leurs pères, leurs frères, leurs amis, leurs
« parents ! ! ! Et ce sont les soldats du peuple, qui sont eux-mê-
« mes peuples, que l'on oppose ainsi à une autre portion du peu-
« ple ; c'est par eux que l'on veut consolider cet état de servage,
« d'avilissement et de famine....., mille fois pire que l'ancienne
« servitude contre laquelle on s'est insurgé avec tant de raison,
« il y a six ans.

« Non, les soldats français ne seront point les vils satellites,
« les instruments cruels et aveugles des ennemis du peuple, et
« par conséquent des leurs..... ce n'est que dans les occasions où
« l'autorité s'est rendue coupable et où elle a voulu se le rendre
« encore, qu'elle s'est entourée de baïonnettes..... Quand le pou-
« voir est juste, il est toujours assez fort de la force du peuple...
« Capet s'était fortifié d'une armée avant le 14 juillet ; on sait
« quels étaient ses desseins, et de quelle somme de crimes il vou-
« lait s'assurer l'impunité..... Serait-on coupable pour examiner

« si ceux qui l'imitent ne le sont point parce qu'il y a exacte pa-
« rité de motifs ?.

« Nos soldats se souviendront que cette armée de Capet, quoique
« élevée à l'école de la discipline monarchique, s'est parfaitement
« bien conduite ; elle s'est ressouvenue qu'elle était du peuple, les
« gardes françaises baissant leurs faisceaux devant lui. C'est là
« un exemple qui passera à l'admiration de tous les siècles...

« Non, non, il ne sera pas dit que les défenseurs de la Républi-
« que auront consenti à n'être que des machines mobiles, des
« pantins vivants, des marionnettes insensibles, qui obéiront
« aveuglément à toute impulsion de leurs conducteurs. Il ne sera
« pas dit qu'ils ne feront plus d'usage de leur jugement, ou que,
« captés par de fausses et de vaines caresses, ils auront aidé un
« gouvernement usurpateur à bronzer à jamais l'esclavage de
« vingt-quatre millions de leurs compatriotes. »

PÈRE JACQUES. — Voilà ce que Babeuf écrivait il y a plus de cinquante ans. Les hommes ont changé. Trois révolutions ont ensanglanté le sol de la patrie, et ces funestes tendances, ces projets odieux et insensés existent encore.

Mes amis, du calme ; c'est par le calme que nous vaincrons nos ennemis, que nous déjouerons leurs complots. Tenez, lorsque, dans les beaux jours, je monte les Champs-Elysées,

et que je passe sous cet arc de triomphe, lorsque je vois gravés
sur la pierre les noms de trois cents victoires, lorsque mes yeux
rencontrent quelques noms aimés : Hoche, Marceau, Kleber, Jou-
bert, Desaix, tous ces hommes du peuple morts pour la République en combattant pour sa défense et pour sa gloire, et puis,
quand je vois dans le lointain Paris, cette immense ville où bouil-
lonnent depuis soixante ans les idées qui remuent le monde, je
me prends à sourire, en pensant aux projets de nos ennemis nos
amis. Disciplinez-vous. Songez que si vous êtes soldats, vous
êtes avant tout citoyens.

TOUS. — Nous ne l'oublierons pas.

PÈRE JACQUES. — Je vais me retirer ; il se fait tard. Une poignée de main avant de partir, et vive la république !

UN SERGENT. — Père Jacques, vous oubliez deux mots : DÉMOCRATIQUE et SOCIALE.

TOUS ENSEMBLE. — Oui ! oui ! VIVE LA RÉPUBLIQUE DÉMOCRATIQUE ET SOCIALE !

JACQUES BONHOMME.

———

NOTE DU PÈRE JACQUES. — Au moment où j'écris le récit de ma soirée, j'apprends que le canon a retenti au delà des Alpes. L'Autriche a attaqué le Piémont ; l'indépendance de l'Italie est en question. Dans cette lutte suprême d'une nation combattant pour sa liberté, que faisons-nous ? que font nos généraux, nos ministres et notre président ? Ah ! je gémis de le dire, j'en rougis pour mon pays : rien ! Rien, je me trompe ; le président danse, les ministres ferment les clubs, traquent les patriotes ; les généraux font des ordres du jour défendant à des *membres du souverain* ici les réunions, là les banquets, plus loin les journaux ; c'est-à-dire la manifestation du cœur et de l'esprit, de la pensée et de l'intelligence.

EN VENTE A LA PROPAGANDE DÉMOCRATIQUE ET SOCIALE,

RUE DES BONS-ENFANTS, 1.

Compte Rendu du Banquet des Ecoles (3 décembre 1848).
2 feuilles in-8⁰.. . . . .

Le Chant des Ouvriers, par PIERRE DUPONT. . . . . . . 10 c.

Le Chant des Etudiants, par le même.. . . . . 10 c.

Le Chant du Soldat, par le même. . . . . 10 c.

Politique et Socialisme, par G. Moutillet. Quatre numéros sont
en vente. Chaque numéro.. . . . . 25 c.

Histoire politique des Ecoles, par A. WATRIPON. 4 livraisons
sont en vente. Chaque livraison.. . . . . 25 c.

PROPAGANDE ÉLECTORALE, *série de feuilles.* — *1re série.*

1⁰ **Les Paysans**, par F. PYAT. . . . .

2⁰ **Prêtres et Nobles**, par RASPAIL. . . . . .

3⁰ **Le Peuple**, par LAMENNAIS. . . . . } le cent assorti. 1 fr.

4⁰ **Union des Démocrates**, par CABET. Avec portraits.

5⁰ **Le Milliard des Emigrés**, par BARBÈS. . .

6⁰ **Les Droits de l'Homme et du Citoyen**, par MAXIMILIEN
ROBESPIERRE. Avec une vignette. Le cent. . . . . 2 fr. 50

SOUS PRESSE :

Entretiens du Corps de Garde, série de brochures. . . . 5 c.

Histoire de Monsieur Un et du Bonhomme Trente-Quatre,
par E. LEBLOYS.

Imprimerie Schneider, rue d'Erfurth, 1.